영어를 잘하려면
하루 30분 이상
영어로 생각해라

영어를 잘하려면 하루 30분 이상 영어로 생각해라

발　행 | 2019년 1월 3일
저　자 | Dr. K
펴낸이 | 한건희
펴낸곳 | 주식회사 부크크
출판사등록 | 2014.07.15.(제2014-16호)
주　소 | 경기도 부천시 원미구 춘의동 202 춘의테크노파크2단지 202동 1306호
전　화 | 1670-8316
이메일 | info@bookk.co.kr

ISBN | 979-11-272-5682-1

하루 30분 이상

영어로 생각해라

Dr. K 지음

매일 30분 이야기할
소재를 먼저 찾자

외국인과 함께 있다면 참 어색할 겁니다. 어떤 소재로 이야기를 해야 대화를 하면서 즐거운 시간으로 기억될 수 있을까요? 당연히 말을 이어나갈 소재들이 필요합니다. 어떤 이야기로, 어떤 내용으로, 최소한 정도는 내가 주도적으로 이야기를 이끌어간다면 그 다음엔 쉽습니다. 내 이야기에 호감을 느낀 상대라면 자신의 이야기 주머니를 열 것입니다. 그러면 나는 장단 맞추기만 잘 해도 대화가 끊기지 않습니다.

하루 30분 이상
영어로 생각하기를 하면

1 이야기꾼이 된다
말하기 주제가 부족하지 않다. 말을 하고 싶을 때 언제든지 암기해둔 주제의 문장을 꺼내 말할 수 있다.

2 대화의 주인공이 된다
재미있는 이야기거리를 미리 익혀두고 자신을 돋보이게 하고 싶은 순간 꺼내 말할 수 있다.

3 분위기 메이커가 된다
다양한 주제의 이야기를 익혀두면 대화 상대가 지루할 틈이 없다.

4 외국인 인맥이 생긴다
외국인과의 대화에서 중요한 것은 자신감과 아이컨택, 리액션 등이다. 이러한 것들을 연습해두면 한번 대화를 나눈 외국인과 끊이지 않는 친분을 쌓는 데 도움이 된다.

CONTENT 오늘의 생각거리

오늘의 생각거리: 나에 대해 말하기 1

A My name is Kim Suhyun.

I'm twenty seven years old. I usually cook my meals by myself and clean my house every day.

I am a good cook and really enjoy trying new recipes. I was born in Busan and grew up there.

When I entered university, I moved to Seoul.

Since then, I have lived in Seoul for five years.

Seoul seems like my hometown now and my life here is so comfortable that I am very satisfied.

I like to watch movies, so on the weekends, I usually go to a movie theater with my close friends.

We always pick romantic comedies and never regret it.

We sometimes watch sports on TV, and when we need some fresh air, we go to the park nearby and take a walk to release stress.

Oh, going to a health club is very important to me.

The reason is that I have to stand a lot of stress, so I need to keep myself healthy.

제 이름은 김수현입니다.

저는 스물 일곱 살이고요. 주로 식사를 스스로 요리하고 매일 집 안 청소를 하죠.

저는 요리를 잘하고 새로운 요리법을 시도해보는 것을 정말 즐깁니다.

저는 부산에서 태어나 자랐습니다.

대학에 입학하면서 서울로 이사 왔죠. 그때 이후로 서울에 서 5년 동안 살았습니다.

서울은 이제 제 고향 같고 이곳에서의 생활은 매우 편해서 저는 만족합니다.

저는 영화 보는 것을 좋아해서 주말에는 주로 친한 친구들과 함께 극장에 갑니다.

우리는 항상 로맨틱 코미디 영화를 고르고 절대 후회하는 일이 없죠.

우리는 가끔 텔레비전으로 스포츠 경기를 보고 신선한 공기를 쐬고 싶으면 가까운 공원에 가서 산책을 하면서 스트레스를 풉니다.

아, 헬스클럽에 가는 것은 제게 매우 중요한 일인데요.

저는 많은 스트레스를 견뎌야 하기 때문에 건강을 유지할 필요가 있습니다.

오늘의 생각거리: 가족에 대해 말하기

A I live with my brother.

My father is retired now and living in rural Kyounggi-do.

His hair is flecked with gray.

He is surprisingly energetic and looks much younger than he is.

He is a big man, but very light on his feet for his age.

My mother is an ordinary housewife. She really cares about other people and is a talented listener.

My brother has curly hair like my mother.

He is very big, 185 cm tall, weighs about 90 kilos and he is muscular.

I try to spend my valuable time with my family, but these days I'm so busy with many things.

저는 남동생과 함께 살고 있습니다.

현재 아버지는 퇴직하여 경기도의 어느 시골에 살고 계십니다.

아버지의 머리에 흰머리가 듬성듬성 나 있습니다.

아버지는 놀랄 정도로 활동적이시고 실제 연세보다 젊어 보이십니다.

아버지는 연세에 비해 체구는 크셔도 매우 민첩하십니다.

저희 어머니는 평범한 주부입니다.

어머니는 정말 다른 사람들을 배려하며 남의 말을 매우 잘 들어주십니다.

제 동생은 어머니처럼 곱슬머리입니다.

그는 키가 185cm로 큰 편이고 몸무게는 90kg 정도 나가며 근육질입니다.

가족들과 소중한 시간을 가지려고 노력하는데, 요즘은 공부와 많은 일로 바쁩니다.

오늘의 생각거리: **집안일 돌보기에 대해 말하기**

I have lived with my brother in a small apartment since I was financially independent of my family.

I am used to single life. I usually cook my meals by myself.

Actually, I do not like to do chores.

But I do very basic housework including cleaning, cooking, and sweeping the floors.

I do odd jobs around the house every weekend.

I launder my clothes at the laundromat each week because I'm not used to ironing them.

Sometimes, I wash my drip-dry shirt and hang it to dry.

I always do the dishes after I watch the news on TV.

It seems that I should be a jack-ofall-trades in a way to live single.

저는 경제적으로 집에서 독립한 이후로 작은 아파트에서 남동생과 같이 살고 있습니다.

저는 싱글 생활에 익숙합니다. 보통 혼자 식사 준비를 하죠.

사실 저는 집안일 하는 것을 좋아하지 않습니다.

그렇지만 저는 청소하고 요리하고 바닥을 쓰는 것 같은 아주 기본적인 집안일을 합니다.

저는 매주 주말에 이런저런 집안일을 합니다.

저는 매주 빨래방에서 옷을 세탁하는데 다림질에 익숙하지 않아서죠.

가끔 다림질할 필요가 없는 셔츠를 빨아서 널어 말리기도 합니다.

저는 항상 TV 뉴스를 본 다음, 설거지를 합니다.

싱글로 살기 위해선 어느 정도 팔방미인이 되어야 할 것 같아요.

오늘의 생각거리: 자신이 사는 동네에 대해 말하기

Since I live on the outskirts of Seoul, my apartment has beautiful views.

My apartment is located in a residential district and I live on the 5th floor.

The neighborhood is relatively new, so most of the people who lived here moved here in the past few years.

There were no convenience facilities in the neighborhood, so we roughed it for a few years.

But now there are many convenience facilities that we can use any time and transportation is convenient around this area.

Houses in my neighborhood have appreciated since the new subway was built.

Our neighborhood is becoming larger day after day.

Overall, it is a very good place to live, I think.

저는 서울 외곽에 살고 있어서 아파트 전경이 아름답습니다.

제 아파트는 주거 지역에 위치해 있고 저는 5층에 살아요.

비교적 새로 지어진 동네라서 대부분의 사람들이 몇 년 사이에 새로 이사를 왔습니다.

몇 년 전에는 이 근방에 편의시설이 없어서 몇 년 동안 생활이 불편했습니다.

하지만 지금은 언제든 이용할 수 있는 편의시설도 많고 인근 교통도 편리합니다.

지하철이 개통된 후 우리 동네 집 값이 뛰었습니다.

우리 동네는 나날이 커져가고 있습니다.

전반적으로 이곳은 살기 좋은 곳인 것 같습니다.

오늘의 생각거리: **쇼핑에 대한 경험 말하기**

The new clothes I bought last week had a considerable color change after the first wash.

Moreover, the clothes' cuffs sagged and lost their shape after washing.

I couldn't believe it because the manufacturer said it is machine washable.

I thought they should be responsible for any damages, of course.

I called the store and I explained the situation and complained about it.

The store owner said he would have given me a better deal if I had changed it for another one.

But I wanted to return it, and he accepted it.

There were no major problems with the service, so I will certainly do business with the store again.

지난주에 새로 산 옷이 첫 세탁 후 심하게 변색되었습니다.

뿐만 아니라, 그 옷은 세탁한 후에 소매 단이 늘어지고 변형되었습니다.

제조사에서는 그것이 세탁 가능한 것이라 했기 때문에 저는 이것을 믿을 수 없었습니다.

저는 당연히 제조사에서 손상에 대해 책임을 져야 한다고 생각했습니다.

저는 상점에 전화해서 이 상황을 설명하고 불만을 이야기했습니다.

가게 주인은 제가 다른 것으로 바꾸면 더 좋은 가격으로 주겠다고 말했어요.

하지만 저는 그것을 반품하고 싶었고 그가 받아들였습니다.

서비스에 큰 문제는 없어서 분명 그 가게를 다시 이용할 겁니다.

오늘의 생각거리: 좋아하는 영화에 대해 말하기

A I like to watch romantic comedies.

The Twilight Saga series and Just Married are my favorites.

The writing is excellent and draws me in even without a lot of action.

These movies offer us an experience of love we can never have in the real world.

I had such a great time watching these movies; I became immersed in the storyline.

I can relax by laughing and watching some beautiful scenes.

Whenever I am down, I go see a romantic comedy movie and then I feel better after that.

I can feel happy since they always have a happy ending.

저는 로맨틱 코미디 영화 보기를 좋아합니다.

<트와일라잇> 시리즈와 <우리 방금 결혼했어요>는 제가 가장 좋아하는 영화들이에요.

시나리오가 훌륭하여 많은 액션이 없어도 저를 몰입시킵니다.

그런 영화들은 우리가 현실에서는 할 수 없는 사랑 경험을 제공해줍니다.

이 영화들을 보면서 정말 즐거웠고, 줄거리에 완전히 빠져버렸습니다.

웃고 아름다운 장면을 보면서 긴장이 풀리거든요.

기분이 가라앉아 있을 때, 로맨틱 코미디 영화를 보러 가는데 보고 나면 기분이 나아집니다.

그 영화들은 항상 해피엔딩으로 끝나기 때문에 기분이 좋아져요.

오늘의 생각거리: 가장 좋아하는 영화에 대해 말하기

My favorite movie is Mamma Mia.

The plot serves as a background for a wealth of ABBA songs.

A young woman is about to be married and discovers that any one of three men could be her father.

She invites all three to the wedding without telling her mother, Donna.

Donna was once the lead singer of Donna and the Dynamos.

Meryl Streep plays Donna and Amanda Seyfried plays her daughter, Sophie.

This was a lighthearted and quite enjoyable movie of its own style.

I love this movie for the trio of older women characters; they were all so funny.

제가 좋아하는 영화는 <맘마미아>입니다.

이야기는 풍부한 ABBA 노래를 배경으로 펼쳐집니다.

젊은 여자가 결혼을 앞두고 세 남자 중 한 명이 아버지일지 모른다는 사실을 알게 됩니다.

그녀는 어머니 도나에게 말하지 않은 채 세 명을 모두 결혼식에 초대합니다.

도나는 한때 도나와 다이나모스의 리드 싱어였습니다.

메릴 스트립은 도나를 연기하고 아만다 사이프리드는 그녀의 딸인 소피를 연기합니다.

이 영화는 밝고 꽤 흥겨운 고유한 스타일을 보여줍니다.

저는 중년의 세 여성 캐릭터 때문에 이 영화가 좋습니다.

그들은 매우 재미있습니다.

오늘의 생각거리: 좋아하는 영화 배우에 대해 말하기

My favorite movie star is Song Kangho.

Song is one of Korea's leading actors.

I heard that he never professionally trained as an actor.

He was cast in several supporting roles before his high-profile appearance in the blockbuster thriller Shiri.

Song became a star with his first leading role in The Foul King. Song also starred in Sympathy for Mr. Vengeance.

It was directed by Park Chanwook and described a father's pursuit of his daughter's kidnappers.

The following year he played a leading role as an incompetent rural detective in Memories of Murder.

He doesn't disappoint us.

제가 가장 좋아하는 영화배우는 송강호입니다.

송강호는 한국을 대표하는 배우 중의 한 명입니다.

그는 배우로 전문적인 훈련을 받은 적이 없다고 들었습니다.

그는 블록버스터 스릴러 <쉬리>에서 두각을 나타내기 전까지 여러 가지 조연을 맡아왔습니다.

송강호는 <반칙왕>에서 처음으로 주연을 맡았습니다.

송강호는 또한 <복수는 나의 것>에 출연했습니다.

그것은 박찬욱이 감독했고 납치된 딸을 추적하는 아버지를 그렸습니다.

다음 해에 그는 <살인의 추억>에서 무능한 시골 형사로 주연으로 출연했습니다.

그는 우리를 실망시키지 않습니다.

오늘의 생각거리: 우리나라의 명절에 대해 말하기

I will explain two traditional holidays: New Year's Day and Chuseok.

New Year's Day, on the 1st of January, is a very important day.

On the day of Lunar New Year, we receive money after traditionally greeting our parents or elders.

Our household hosts ancestral rites because my father is the eldest son.

This is done only at memorial rites for the dead.

Chuseok is like Thanksgiving Day in the United States.

One similarity between Chuseok and Thanksgiving is giving thanks for the harvest.

Families visit tombs to pay their respects to ancestors on the occasion of Chuseok. Songpyun is the special food that Koreans eat on Chuseok, Korea's Thanksgiving Day.

두 가지 명절에 대해 설명하겠습니다: 설날과 추석입니다.

1월 1일인 설날은 매우 중요한 날입니다.

음력 설날 우리는 전통적으로 부모님과 어른들께 세배를 드린 후에 세뱃돈을 받아요.

아버지가 장남이라 저희 집에서 제사를 모십니다.

그것은 죽은 사람을 위한 제사를 지낼 때에만 하는 행위입니다.

추석은 미국의 추수감사절과 같습니다.

한 가지 추석과 추수감사절의 유사점은 수확에 대한 감사입니다.

가족들은 추석 명절에 즈음하여 조상의 묘를 찾아 성묘를 합니다.

송편은 한국인들이 추석에 먹는 특별한 음식이에요.

오늘의 생각거리: 우리나라의 명절에 대해 말하기

New Year's Day on the 1st of January is a very important day.

Most importantly, I can start anew on New Year's Day!

One of the first things to do to welcome in the New Year is to bow to one's ancestors in a ceremony called 'chesa.'

I have to spend many hours preparing food. We feast on rice cake soup on New Year's Day.

Rice cake soup is very delicious!

I like New Year's Day because I can eat many delicious foods and get together with my relatives.

On New Year's Day, many children wear Hanbok, the traditional dress of Korea.

Grandma and Grandpa give words of blessing to the children.

1월 1일인 설날은 매우 중요한 날입니다.

무엇보다도 설날에는 새 출발을 할 수 있잖아요!

설날을 맞이하기 위해 하는 가장 첫 번째 일 중의 하나는 제사
라고 불리는 의식에서 조상들에게 절을 하는 것입니다.

음식 장만하는 데 많은 시간을 보내야 합니다.

저희는 설날에 떡국을 끓여 먹습니다.

떡국은 매우 맛이 있습니다!

저는 맛있는 음식을 많이 먹을 수 있고, 친척들을 만날 수 있어
서 설날이 좋습니다.

설날에, 많은 어린이들은 한국의 전통 옷인, 한복을 입습니다.

할머니와 할아버지께서는 아이들에게 덕담을 해주십니다.

오늘의 생각거리: 집안 가구에 대해 말하기

We don't have much furniture in the house.

We have a desk, chair, and bookshelf in the study, a bed and a desk and chair in the bedroom, and a couch in the living room.

Whenever our family eats, we always eat at the big table, which has eight chairs.

The table holds a lot of food, and there is enough space around the table where seven or eight of us can sit comfortably.

The desk in the bedroom has a glass top.

And the chair that it's with is really nice.

It is not an expensive chair, which is kind of strange, because it's really comfortable.

우리 집에는 가구가 많이 없습니다.

서재에는 책상과 의자 그리고 책장이, 침실에는 침대와 책상과 의자가, 거실에는 소파가 있습니다.

저희 가족은 식사를 할 때면 언제나 여덟 개의 의자가 있는 큰 식탁에서 먹습니다.

음식도 많이 놓을 수 있고 식탁에 우리 일곱, 여덟 명이 편하게 앉을 수 있을 정도로 충분한 공간이 있습니다.

침실에 있는 책상에는 위에 유리가 있습니다.

그리고 그 책상과 같이 있는 의자는 정말 멋집니다.

이 의자는 비싼 의자는 아닌 데 이상하게도 매우 편안합니다.

오늘의 생각거리: **좋아하는 가구에 대해 말하기**

I love the couch in the living room.

It's long and orange and really great to sit in and sleep on.

I bought this couch real cheap at a furniture store in Ahyundong.

It's not very good quality, but it's okay.

When my friends come over, they very often go to sleep on that couch.

It is not an expensive couch, which is kind of strange, because it's really comfortable.

저는 거실에 있는 소파를 정말 좋아합니다.
소파는 길고 오랜지 색인데 자거나 앉아 있기 정말 좋습니다.
저는 아현동에 있는 가구점에서 이 소파를 싸게 구입했습니다.
질이 좋지는 않지만 괜찮은 편입니다.
친구들이 오면 자주 그 소파에서 잡니다.
비싼 제품은 아닌 데 이상하게도 매우 편안합니다.

오늘의 생각거리: 나에 대해 말하기 2

My family consists of my father, my mother, my brother, and me.

I'm the eldest son.

My father is an office worker.

He always gives me good advice.

When I have trouble I usually talk to him and ask for some advice.

My mother is a house wife.

She's very sweet and also an excellent cook.

My favorite food is bulgogi, one of the foods that my mother cooked for my family.

Actually, I like all kinds of meat, especially marinated ones.

And my brother is a college student.

He is a junior.

He is getting busy preparing for jobs.

He wants to work for a financial company.

I get along with him well.

I love them so much.

저희 가족은 아버지와 어머니, 남동생 그리고 저입니다.

저는 장남입니다.

아버님은 일반 사무 직원이십니다.

그는 언제나 제게 조언을 해주십니다.

문제가 생기면 보통의 경우 저는 아버님께 상의를 드리고 조언을 구합니다.

어머니는 전업주부이십니다.

매우 다정다감하시며, 훌륭한 요리사이십니다.

제가 가장 좋아하는 음식은 불고기입니다.

어머니가 저희 가족을 위해 요리해주셨던 음식 중 하나죠.

실은 저는 고기류는 다 좋아해요.

특별히, 양념에 절인 고기류는요.

또한, 제 남동생은 대학생입니다.

3학년이죠. 그는 취업 준비로 바쁩니다.

그는 금융회사에서 일하고 싶어 합니다.

저랑은 사이가 매우 좋아요.

저는 가족을 무척 사랑합니다.

오늘의 생각거리: 은행에서 하는 일에 대해 말하기

At a bank, you can make quick transactions by using the bank's ATM or seeing the teller.

But you have to open a bank account first so that you can make these transactions.

When you want to open a savings account, you need to get service from tellers.

At a bank, you take a number and wait.

When it's your turn, you go to the teller and you fill out the form and then she collects your identification and form.

You should create your user ID and password to access your account online.

After that, you can make a deposit, make a withdrawal, write personal checks on the account, or use the ATM card with it.

When you use the ATM at a bank, it can be a lot quicker to make a transaction than doing it with a teller.

은행에서 ATM을 이용하거나 은행 직원을 통해 간단한 거래를 할 수 있습니다.

하지만 이런 거래를 하기 위해서는 먼저 은행 계정을 만들어야 합니다.

예금 통장을 만들 때는 은행원의 서비스를 받아야 합니다.

은행에서 번호표를 받고 기다립니다.

차례가 와서 직원에 게 가면, 서류를 작성하고 직원이 신분증과 서류를 가지고 갑니다.

구좌에 온라인으로 접속하려면 온라인 사용자 ID와 암호를 만들어야 합니다.

그런 후에는 예금할 수도 있고 인출할 수도 있고 계좌를 가지고 개인 수표를 작성할 수도 있고 또는 ATM 카드를 사용할 수도 있습니다.

은행에 있는 현금자 동인출기(ATM)를 이용하면 창구에서 하는 것보다 거래를 훨씬 빠르게 처리할 수 있습니다.

오늘의 생각거리: 은행에서 대출을 받는 절차에 대해 말하기

At a bank, I can make quick transactions by using the bank's ATM or seeing the teller.

Of course, I can make them by using the phone banking or the Internet banking system through my smartphone these days.

But when you want to take out a mortgage, you need to get service from tellers.

You go to a bank with all the necessary documents and take a number and wait.

When it's your turn, you go to the teller and you fill out the form and then she collects your identification and form.

The teller checks your credit rating and other things and then she tells you the maximum mortgage you can get.

Of course, you should check the current interest rate and the amount of mortgage.

After you sign all the forms, the loan service is processed.

저는 은행에서 ATM을 이용하거나 은행 직원을 통해 간단한 거래를 할 수 있습니다.

물론 요즈음에는 스마트폰으로 폰뱅킹이나 인터넷 뱅킹 시스템을 이용해 거래를 할 수 있지요.

하지만 담보 대출을 받을 때는 은행원의 서비스를 받아야 합니다.

필요한 서류를 지참하고 은행에 가서 번호표를 받고 기다립니다.

차례가 와서 직원에게 가면, 서류를 작성하고 직원이 신분증과 서류를 가지고 갑니다.

은행원은 신용 등급과 기타 사항을 확인한 후 받을 수 있는 최대 대출 금액을 알려줍니다.

물론 현재 연이율과 대출 금액을 확인해야겠지요.

모든 서류에 사인을 끝내면 대출 업무가 완료됩니다.

오늘의 생각거리: 은행에서의 경험에 대해 말하기

I went to the bank to open a savings account.

The procedure was far more complicated than it needed to be.

The teller asked me to show her my photo ID.

I didn't have any ID including national registration card or driver's license.

But she told me I had to come back with valid ID to fill out the application form.

Fortunately, I found my passport in my briefcase.

I filled out the form and brought it to her.

저는 통장을 개설하려고 은행에 갔습니다.

(발급) 절차가 필요 이상으로 너무 복잡했습니다.

은행 직원은 그녀에게 사진이 있는 신분증을 보여달라고 저에게 요청했습니다.

저는 주민등록증이나 운전면허증을 포함해 신분증이 아무것도 없었습니다.

하지만 유효한 신분증을 다시 가지고 와야 신청서를 작성할 수 있다고 직원이 말해주었습니다.

다행히 저는 서류가방에서 여권을 찾아냈습니다.

저는 양식을 작성해 그녀에게 가져다주었습니다.

오늘의 생각거리: 가장 좋아하는 클럽에 대해 말하기

The club that I really like to go to is E in Kangnam.

It is very fancy, and it's in the heart of the city.

It's popular and packed. It's huge, and has several floors.

They have two distinct parts of the club: the White Zone and the Black Zone.

The White Zone looks very space-age, like it could be from a science fiction movie set, and the Black Zone is dark and private.

The cover charge to get in is more expensive than any other clubs, but it's worth it.

Whenever I go there, I always have a good time.

제가 가기를 좋아하는 클럽은 강남에 있는 E입니다.
그곳은 화려하고 도심에 있습니다.
그 클럽은 인기가 많아 사람들로 가득 차 있습니다.
크고 여러 층으로 되어 있습니다.
클럽에는 두 개의 다른 구역이 있습니다.
화이트 존과 블랙 존입니다.
화이트 존은 공상과학 영화의 세트처럼 초현대적이고 블랙 존은
어둡고 사적입니다.
입장료가 다른 클럽보다 좀 비싼 편이지만, 그럴 만한 가치가 있
습니다.
그곳에 갈 때마다 항상 좋은 시간을 갖습니다.

오늘의 생각거리: 클럽에서 일어난 일에 대해 말하기

One evening, we made a rare outing to the local club.

It was a small club around the Hongdae area.

After a band started to play, the nightclub was jumping.

Eventually, one of my friends pulled a group of girls over to where we were sitting.

I started a conversation with one of them by introducing myself.

I asked her name and whether she wanted to dance or not.

This was all fine up until then, but then we started dancing.

I tried to talk to her on the dance floor, but she couldn't hear me.

She kept shouting "What?" and pointing at her ear and shaking her head.

I had a good time, but it doesn't seem like a good place to meet women.

It's too hard to talk.

어느 날 저녁, 우리는 동네 클럽으로 좀처럼 가지 않는 나들이를 갔습니다.

그것은 홍대에 있는 작은 클럽이었습니다.

악단이 연주를 시작한 후 그 클럽은 활기를 띠었습니다.

마침내 친구 중 하나가 여자 무리를 저희가 앉아 있는 곳으로 데리고 왔습니다.

저는 그 중 한 명에게 제 소개를 하며 대화를 하기 시작했습니다.

그녀의 이름을 묻고 저와 춤을 추고 싶은지 물었습니다.

춤을 추기 시작할 때까지는 좋았습니다.

저는 댄스 무대에서 그녀에게 얘기를 하려 했는데 그녀는 제가 하는 말이 들리지 않았습니다.

그녀는 계속 그녀의 귀를 가리키고 머리를 저으며 "네?"라고 소리질렀습니다.

재미 있었지만 여자를 만나는 데 좋은 장소는 아닌 것 같습니다.

얘기를 나누기가 어렵습니다.

오늘의 생각거리: 집에서 하는 일에 대해 말하기

My brother and I are supposed to help my parents with chores.

My family members take turns doing the housework.

We do housework including cleaning, cooking, and sweeping the floors.

I help out with dishes and clean my room every week.

My brother will scrub the bathroom and water the plants.

In our neighborhood, we separate the trash before throwing it away.

Food waste is to be thrown out separately.

The garbage pickup is on Tuesdays.

Separating the used paper is my brother's job.

저와 제 동생은 부모님을 도와 집안일을 해야 합니다.

우리 가족은 집안일을 돌아가면서 합니다.

우리는 청소하고 요리하고 바닥을 쓰는 것 같은 집안일을 합니다.

저는 설거지를 돕고 매주 제 방을 청소합니다.

제 동생은 욕실을 청소하고 화분에 물을 줍니다.

저희 동네에서는 쓰레기를 버리기 전에 분리 수거를 합니다.

음식물 쓰레기는 분리해서 버려야 합니다.

화요일마다 쓰레기 수거 차가 옵니다.

사용한 종이를 분리수거 하는 일은 제 동생이 맡아 하지요.

오늘의 생각거리: 자신이 사는 동네에 대해 말하기

I live in a duplex located in a commercial district.

I live on the top floor of a triple-decker.

This house is on the corner of a road that turns onto the main road.

The main roads are especially crowded with cars during rush hours.

A few apartment buildings are interspersed among the houses.

Two years ago, we didn't have a bookstore in our neighborhood, so we had to go downtown to buy books.

But when the new subway line was built through our neighborhood, a major business district developed.

The local amenities became better than before, but this neighborhood is very crowded.

So, I'm moving to a house on the outskirts of town.

저는 상업 지구에 위치한 연립 주택에 살고 있습니다.

저는 3층집의 꼭대기층에 살고 있습니다.

이 연립은 큰길로 이어지는 모퉁이에 있습니다.

큰 도로들은 출퇴근 시간에 특히나 더 차량으로 붐빕니다.

주택 사이에 아파트 건물 몇 채가 드문드문 있습니다.

2년 전에는 동네에 서점이 없어서 책 살 일이 있으면 시내로 나가야 했습니다.

그런데 우리 동네에 지하철이 생기면서 큰 상권이 형성되었습니다.

동네 편의시설은 전보다 좋아졌지만 동네가 너무 붐빕니다.

그래서 시내 외곽에 있는 집으로 이사할 거예요.

오늘의 생각거리: 사는 동네에서 생긴 일 말하기

We moved here in 2002.

We went through a house and decided to buy it.

We were planning to repaper the walls, redo the floors, and repaint the cabinets in the kitchen.

However, a water main burst, and the entire house was a mess.

We found out that the drainpipe under the sink was leaking and needed repair.

We had to replace the whole plumbing system.

The plumber came to our house to plumb in the area.

We updated the image of my house.

We could paint, fix up, and rearrange the furniture.

Our neighbors gave us a housewarming gift when we moved in.

우리는 2002년에 이곳으로 이사 왔습니다.

우리는 집안을 둘러보고 그 집을 매입하기로 결정했습니다.

우리는 도배도 새로 하고 마루도 새로 깔고 부엌 싱크대 색깔도 바꾸려고 했었죠.

그런데 수도관이 터져 온 집 안이 난리가 났었습니다.

개수대 아래 배수관이 새서 수리해야 한다는 것을 알게 되었습니다.

배관 전체를 다시 바꿔야 했습니다.

배관공이 집에 와서 그곳에 배관을 해주었습니다.

우리는 집안 분위기를 새롭게 했습니다.

페인트칠을 다시 하고 수리도 해서 가구를 다시 배치할 수 있었습니다.

우리가 이사 왔을 때 이웃 사람들이 집들이 선물을 주었습니다.

오늘의 생각거리: 자신이 좋아하는 스포츠 규칙에 대해 말하기 (야구)

Baseball is played between two teams with nine players in the field on each team.

In the infield, you have a first baseman, second baseman, shortstop, and third baseman. In the outfield, you have a right fielder, center fielder, and left fielder.

The game is played in innings, and an inning is a period of time when each team gets a chance to bat.

In baseball, the defense always has the ball – that differentiates it from most other team sports.

The pitcher throws the ball to a batter, and he tries to hit the ball so the opposing players can't get it and he can get on base.

Once on base, the batter tries to run around the diamond and score at home plate.

The teams switch every time the defending team gets three players of the batting team out.

The winner is the team with the most runs after nine innings.

야구는 각 팀 9명의 선수로 이루어진 두 팀 간의 경기입니다.

내야에는 1루수, 2루수, 유격수 그리고 3루수가 있습니다.

외야에는 우익수, 센터, 그리고 좌익수가 있습니다.

게임은 이닝으로 되어 있는데, 1이닝에는 각 팀이 타석에 설 수 있는 차례를 갖습니다.

야구에서 방어팀은 항상 공을 가지고 있는데, 대부분의 다른 팀 경기와 다른 점입니다.

투수가 타자에게 공을 던지고 타자는 공을 쳐서 상대방 선수가 공을 잡지 못하게 하고 베이스로 갈 수 있도록 합니다.

타자는 베이스에 가면 내야를 돌아 본루에서 득점합니다.

방어팀이 세 명의 타자를 아웃시킬 때마다 팀의 역할이 바뀝니다.

9이닝이 끝나고 가장 많은 점수를 낸 팀이 승리합니다.

오늘의 생각거리: 자신이 좋아하는 스포츠 하기에 대해 말하기 (야구)

My friends and I play baseball in a recently built stadium.

It was constructed for the past 4 years, and officially opened last year.

The stadium is located right next to the subway station, so it's easy to get there.

The stadium's outstanding feature is its roof that is shaped like a traditional Korean kite.

It is part of a complex which includes parks and amusement rides, and the stadium itself houses a large cinema and discount shopping center.

There is an infield and an outfield on the playing field.

The stadium has the biggest field in the city and has seating space of great amplitude.

Furthermore, its field is well maintained, so we often use the stadium.

저와 친구들은 최근에 지은 야구장에서 경기를 합니다.

이곳은 지난 4년 동안 건축되었고, 작년에 공식 오픈되었습니다.

경기장은 지하철역 바로 옆에 위치해 있어서 접근성이 좋습니다.

이 경기장의 두드러진 특징은 한국의 전통 연처럼 생긴 지붕입니다.

이곳은 공원과 놀이시설이 포함되어 있는 복합 시설이며 경기장 건물에 대형 영화관과 할인 쇼핑센터가 들어 있습니다.

경기장에는 내야와 외야가 있습니다.

그 경기장은 도시에서 가장 큰 필드를 가지고 있고, 거대한 규모의 좌석 공간이 있습니다.

더욱이 경기장의 필드가 잘 관리되어, 저희는 자주 이 경기장을 이용합니다.

오늘의 생각거리: **좋아하는 스포츠를 하다가 생긴 일**에 대해 말하기

I played baseball for the first time when I was in high school.

I was in awe of a famous baseball player at that time.

My first year in high school, I tried out for the school baseball team.

Students cheered the team on with drums beating and colors flying.

I was very competitive in baseball; I wanted to win.

The moment I swung the bat, I was hit by a ball right in my face.

I received six stitches from the corner of my eye to the bridge of my nose.

After all, we won, and then I was taken to the hospital.

When I think of that time, it still hurts sometimes.

저는 고등학교 때 야구를 처음 시작했습니다.

저는 당시 유명한 야구 선수를 경외하고 있었죠.

고등학교 1학년 때에는 학교 야구팀 선발 심사에 참가했었습니다.

학생들은 북 치고 깃발을 휘날리며 우리를 응원했습니다.

저는 야구를 할 때 승부욕이 아주 강하여 이기기를 원했습니다.

방망이를 휘두르려는 순간 볼에 얼굴을 정통으로 맞았습니다.

눈가에서 코등까지 6바늘을 꿰맸습니다.

결국 우리는 이겼고 그리고 나서 저는 병원으로 이송되었습니다.

그때를 생각하면 지금도 때로는 아픕니다.

오늘의 생각거리: **좋아하는 영화 장르에 대해 말하기**

I like to watch science fiction films and action films.

The Alien and the Star Wars series are my favorites.

Besides, I like all kinds of action series like James Bond 007 and Mission Impossible.

These movies offer us an experience we can never have in the real world and the special effects are so good they make the action on the screen look like it's really happening.

I guess I like to watch movies that allow me to escape from real life.

I can relax by laughing and watching some surprising action scenes.

I suppose I see about a film a month.

Whenever I am down, I go see an action movie and then I feel better after that.

저는 SF 영화와 액션 영화 보기를 좋아합니다.

<에일리언>와 <스타워즈> 시리즈는 제가 가장 좋아하는 영화들이에요.

그 외에 저는 <제임스 본드 007>과 <미션 임파서블>과 같은 모든 액션 시리즈를 좋아합니다.

그런 영화들은 우리가 현실에서는 할 수 없는 경험을 제공해주지만 특수효과를 사용하여 현실이라고 생각하게 만듭니다.

아마 저는 현실에서 벗어날 수 있게 해주는 영화를 좋아하는 것 같아요.

웃고 놀라운 액션 장면을 보면서 긴장이 풀리거든요.

한 달에 한 번쯤 영화를 본다고 생각합니다.

기분이 가라앉아 있을 때, 액션 영화를 보러 가는데, 보고 나면 기분이 나아집니다.

오늘의 생각거리: 나에 대해 말하기 3

My name is Kim Suhyun.

I'm thirty years old.

I am a good sportsman and really enjoy trying new sports.

I was born in Seoul and grew up here.

Seoul is my hometown now and my life here is so comfortable that I am very satisfied.

I like to dance, so on the weekend, I usually go to a club to enjoy live music.

I also like soccer and belong to a local soccer team.

My friends and I sometimes watch soccer games on TV.

제 이름은 김수현입니다.

저는 서른 살이고요.

저는 만능 스포츠맨이고 새로운 운동을 시도해보는 것을 정말 즐깁니다.

저는 서울에서 태어나 자랐습니다.

서울은 제 고향이고 이곳에서의 생활은 매우 편해서 저는 만족합니다.

저는 춤추는 것을 좋아해서 주말에는 주로 라이브 음악을 즐기러 클럽에 갑니다.

저는 또한 축구를 좋아하고 지역 축구팀에 소속되어 있습니다.

제 친구들과 저는 가끔 텔레비전으로 축구 경기를 봅니다.

오늘의 생각거리: 우리나라의 명절에 하는 활동에 대해 말하기

In Korea, there are four traditional holidays: New Year's Day, Hansik, Dano, and Chuseok.

Of them, Chuseok is like Thanksgiving Day in the United States.

One similarity between Chuseok and Thanksgiving Day is giving thanks for the harvest.

Chuseok in Korea, like Thanksgiving Day in America, is a time for families to get together.

Chuseok is one of the traditional Korean moon festivals.

On Chuseok, we have to spend many hours preparing food.

Songpyeon is the special food that Koreans eat on Chuseok, Korea's Thanksgiving Day.

Families visit tombs to pay their respects to ancestors on the occasion of Chuseok.

We make a wish on the full moon and dance Gang-gang-sul-rae at night.

한국에는 4개의 명절이 있습니다: 설날, 한식, 단오 그리고 추석입니다.

그 중에서 추석은 미국의 추수감사절과 같습니다.

한 가지 추석과 추수감사절의 유사점은 수확에 대한 감사입니다.

미국의 추수감사절과 마찬가지로, 한국의 추석 역시 가족들이 모두 한자리에 모이는 명절입니다.

추석은 한국의 전통적인 달맞이 명절 중의 하나입니다.

추석에, 우리는 음식을 장만하는 데 많은 시간을 보내야 합니다.

송편은 한국인들이 추석에 먹는 특별한 음식이에요.

가족들은 추석 명절에 즈음하여 조상의 묘를 찾아 성묘를 합니다.

밤에는 보름달에 소원을 빌고 강강술래 춤을 춥니다.

오늘의 생각거리: 명절(추석)에 있었던 일에 대해 말하기

Chuseok is one of the traditional Korean moon festivals.

When I was young, Chuseok was a very important day for my family.

Last year, families visited tombs to pay their respects to ancestors on the occasion of Chuseok.

I liked Chuseok because I could get together with my relatives and had a lot of things to do with them.

Last Chuseok, my cousins and I had an eating songpyun contest and I was the winner.

Songpyun is the special food that Koreans eat on Chuseok, Korea's Thanksgiving Day.

At night, we made a wish on the full moon.

We also went outside and danced Gang-gang-sul-rae.

That was the most recent experience of Chuseok.

추석은 한국의 전통적인 달맞이 명절 중의 하나입니다.

어렸을 때 추석은 저희 가족에게 매우 중요한 날이었습니다.

지난 해 가족들은 추석 명절에 즈음하여 조상의 묘를 찾아 성묘를 했습니다.

저는 친척들을 만날 수 있고 그들과 같이 할 일이 많아서 추석이 좋았습니다.

지난 추석에는 저와 사촌들이 송편 많이 먹기 게임을 했는데 제가 이겼어요.

송편은 한국인들이 추석에 먹는 특별한 음식이에요.

밤에, 우리는 보름달에 소원을 빌었습니다.

밖에 나가서 강강술래 춤을 추기도 했습니다.

그것이 추석에 대한 가장 최근 경험이었습니다.

오늘의 생각거리: 명절에 있었던 일에 대해 말하기

The most memorable experience I have is spending time with my cousins when I was ten years old.

My cousins, whose father was my father's older brother, lived on Jeju Island and my family lived in Seoul.

So we only could see each other once a year on New Year's Day.

We planned to tour the zoo in Seoul.

Unfortunately, it snowed a lot on that day, so our parents didn't allow us to go out.

To our terrible disappointment, we made a scene by crying and asking our parents to take us there, but it was useless.

Instead, my mother made us delicious food and taught us the rules of a board game.

Forgetting the zoo, we fell into the game in a short time.

At the end of the day, we ate a lot of food and played the whole day, so no one complained.

That day was too good to be true for us little kids.

제가 겪은 가장 기억에 남는 경험은 제가 10살 때 사촌과 보낸 것입니다.

큰아버지의 자녀들인 사촌들은 제주도에 살고 저희 가족은 서울에 살았습니다.

그래서 저희는 오직 일 년에 한 번 설날에만 서로 볼 수 있었습니다.

저희는 서울의 동물원에 갈 계획이었습니다.

불행하게도 그날 눈이 엄청나게 많이 와서 부모님들은 저희가 나가는 것을 허락하지 않으셨습니다.

너무 실망한 나머지 저희는 울고불고 난리를 치면서 데려가 달라고 졸랐습니다. 그러나 소용이 없었죠.

대신에 어머니가 맛있는 음식도 만들어주고 보드놀이를 가르쳐 주셨습니다.

저희는 동물원 따위는 까맣게 잊고 금방 게임에 빠져들었습니다.

결국 하루종일 신나게 먹고 놀아서 아무도 불평을 하지 않았습니다.

그날은 저희 꼬마들에게는 너무나 좋은 날이었습니다.

오늘의 생각거리: 좋아하는 음악과 음악을 듣는 활동에 대해 말하기

Listening to music is my favorite spare time activity.

I enjoy radio programs which play music all day.

To release stress, I play loud music at home.

When I am totally worn out after a long hard day, it works for me.

Sometimes, I pick some dance music, rock music, or hip-hop and play them with my desktop computer.

My parents are always telling me to turn the speakers down.

But because my ears ring when I listen to music with headphones on at full volume, it is vital to be alone in a private place without being disturbed.

I like to listen to music with my smartphone on the move, and I have my headphones on because the headphones block out almost all outside noise.

음악 감상은 제가 가장 좋아하는 여가 활동입니다.

저는 하루 종일 음악을 틀어주는 라디오 방송을 즐겨 듣습니다.

저는 스트레스를 풀기 위해 집에서 음악을 크게 틀어 놓고 듣습니다.

힘든 하루를 보내서 완전히 지쳐버렸을 때 그것은 효과가 있습니다.

가끔은 댄스 음악이나 락, 힙합 등을 골라 컴퓨터로 틀어 놓습니다.

저희 부모님은 언제나 제게 스피커 볼륨을 줄이라고 말씀하십니다.

그렇지만 헤드폰을 끼고 음악을 크게 들으면 귀기 멍멍하기 때문에 혼자만의 장소에서 방해 받지 않는 것이 중요합니다.

저는 이동 중에 스마트폰으로 음악을 듣는 것을 좋아하는데, 헤드폰을 씁니다. 헤드폰을 끼면 바깥 소음이 거의 안 들리니까요.

오늘의 생각거리: 음악을 듣는 과정에 대해 말하기

When I listen to music, I use my smartphone because it is very convenient on the move.

When I am at home, I like to listen to music using my computer.

When I listen to these songs with the good audio system of my computer, it seems much better than without it.

When I listen to music somewhere else, I usually listen to music on my smartphone with headphones.

I like to listen to it this way while I am doing something because it helps me concentrate.

My smartphone can hold more than 1,000 songs, and can store and play video as well as music.

It is convenient.

저는 음악을 들을 때 스마트폰을 이용하는데, 이동 중에 매우 편리하기 때문입니다.

집에서 음악을 들을 때는 컴퓨터를 이용합니다.

제 컴퓨터의 좋은 오디오 시스템으로 이 노래들을 들으면 그렇지 않을 때보다 훨씬 좋습니다.

다른 데서 음악을 들을 때는 보통 스마트폰과 헤드폰을 쓰고 음악을 듣습니다.

저는 무언가 할 때 이런 식으로 음악 듣는 것을 좋아하는데, 집중하는 데 도움이 되기 때문입니다.

스마트폰에는 1천 곡 이상의 노래를 담을 수 있고, 음악뿐만 아니라 영상도 저장, 재생할 수 있습니다.

이것은 편리합니다.

오늘의 생각거리: 음악을 듣는 과정에 대해 말하기

When I am at home, I like to listen to music using my computer.

I also listen to my smartphone, or sometimes I tune into the radio.

I get my music online, usually by downloading it from one of the music sites.

For unlimited downloads, it will cost 5,000 won a month for people who want to listen to music on their computers.

Sometimes I get a streaming service from the music sites instead of downloading music.

These are convenient and easy to use.

저는 집에서 음악을 들을 때는 컴퓨터를 이용하는 걸 좋아합니다.

또한 스마트폰으로 듣거나 가끔은 라디오를 청취하기도 합니다.

온라인에서 음악을 받을 때는 주로 음악 사이트 중 한 곳에서 다운 받습니다.

무제한 서비스를 이용하면 한 달에 5,000원을 내고 원하는 음악을 컴퓨터로 다운로드 받을 수 있습니다.

저는 음악을 다운로드 받는 대신 음악 사이트에서 스트리밍 서비스를 받기도 합니다.

이것들은 편리하고 이용이 쉽습니다.

오늘의 생각거리: **휴가때 만나는 사람에 대해 말하기**

When I have vacation time, I really like to stay home.

I usually hang out with my family.

We don't do anything special.

During my vacation, a typical day for me is very lazy.

I get up late in the morning, usually around 10 a.m.

Then I make breakfast.

We usually eat at home, but sometimes we go to a restaurant.

Sometimes, I go to the bookstore and look for books for me.

Once in a while, I call some friends and invite them out for a drink.

I have a snack, and I watch TV until I go to bed.

휴가 때 저는 정말 집에 있는 것을 좋아합니다.

저는 보통 가족들과 시간을 보냅니다.

우리는 특별한 것을 하지는 않습니다.

휴가 동안 저의 전형적인 하루는 매우 게으릅니다.

아침에 보통 늦게, 10시 정도에 일어납니다.

그리고는 아침을 준비합니다.

우리는 보통 집에 서 밥을 먹지만 가끔은 식당에 갑니다.

가끔은 서점에 가서 책을 찾습니다.

때로는 친구 몇몇에게 전화를 걸어 술 마시러 나오라고 할 때도 있습니다.

간식을 먹고 잠자리에 들 때까지 텔레비전을 봅니다.

오늘의 생각거리: 휴가 때 생긴 일에 대해 말하기

During my last vacation, our family had a very special experience.

My uncle who lived in New York visited in Seoul on business.

And he called us and said he wanted to come over.

Within 20 minutes, he was standing in the doorway, his arms full of presents.

My uncle looked good. He hadn't changed much, but he looked tired.

It was really good to see him. He always told such funny stories, and made us all laugh.

He left that night, and was back in the States a couple of days later.

I miss him sometimes, and wish I could see him more often.

지난번 휴가 동안 저희 가족은 매우 특별한 경험을 했습니다.

뉴욕에 거주하시는 삼촌께서 사업차 서울을 방문하셨습니다.

그리고 삼촌은 전화하셔서 저희를 방문하고 싶다고 하셨습니다.

그는 20분 후에 저희 집 앞에서 팔에 한 가득 선물을 들고 계셨습니다.

삼촌께서는 좋아 보이셨습니다.

그렇게 늙지는 않으셨는데 피곤해 보이셨습니다.

삼촌을 봬서 너무 좋았습니다.

삼촌께서는 계속 재밌는 얘기를 해주셨고 저희를 웃게 하셨습니다.

그날 저녁 떠나셨고 이틀 후 미국으로 돌아가셨습니다.

가끔 삼촌이 그립고 더 자주 뵐 수 있으면 좋겠습니다.

오늘의 생각거리: **최근 휴가에서 생긴 일에 대해 말하기**

I did little errands during my last vacation.

For the first week of vacation, I stayed home most of the time.

I went to the grocery store on Monday.

On Tuesday, I went to the post office to mail a letter.

Next day, I went to the E-mart to buy some clothes for my cousin.

I met a friend and we had beers after his work.

On Saturday, we went to my friend's house and hung out with the friend's family.

On Sunday, the last day, I went to church, and had dinner at a samgyeopsal restaurant.

저는 최근 휴가 때 사소한 볼일을 봤습니다.

첫 주에는 거의 대부분 집에 있었습니다.

월요일에는 슈퍼에 가고, 화요일에는 편지를 붙이러 우체국에 갔습니다.

다음 날 저희 사촌에게 줄 옷을 사러 이마트에 갔습니다.

친구가 퇴근한 후 같이 맥주를 마셨습니다.

토요일에는 친구 집에 가서 친구네 가족과 함께 어울렸습니다.

일요일 마지막 날에는 교회에 가고, 저녁엔 삼겹살 식당에 가서 저녁을 먹었습니다.

오늘의 생각거리: 좋아하는 스포츠를 하는 활동에 대해 말하기 (축구)

I go to play soccer in the stadium near my house about three times a week.

The stadium has freshened up its looks with the recent remodeling.

It is clean and pleasant, so it is a good place to play soccer.

The field is a large rectangle, and it is made of sand and grass.

All the seats in the stadium are numbered.

The stadium has seating space of great amplitude.

The rectangular stadium is especially for soccer where the stadium has four distinct and very different stands on the four sides of the stadium.

The soccer field in the stadium is well maintained, so I often use the field with my friends.

저는 보통 일주일에 3번 정도 집 근처 경기장으로 축구를 하러 갑니다.

그 경기장은 최근 보수 공사를 통해 새단장을 했습니다.

깨끗하고 쾌적해서 축구를 하기에 좋은 장소입니다.

필드는 커다란 직사각형이고, 모래와 잔디로 만들어져 있습니다.

경기장에 있는 의자들에는 모두 번호가 붙어 있습니다.

그 경기장에는 거대한 규모의 좌석 공간이 있습니다.

이 사각형의 경기장은 주로 축구장용으로 경기장에는 사면에 4개의 독립된 자리가 있습니다.

그곳의 축구장은 관리가 잘 되어 있어서, 저는 친구들과 그곳을 자주 이용합니다.

오늘의 생각거리: 좋아하는 스포츠의 규칙에 대해 말하기 (축구)

I'd like to play soccer, so let me tell you about soccer's rules.

Each team consists of a maximum of eleven players.

There are a variety of positions. Goalkeepers are the only players allowed to play the ball with their hands or arms.

A player can get a free kick out of the opposite team's foul.

The player takes a free kick, while the opposition forms a "wall" to try to block the ball kickoff.

A player of the attacking team can take a corner kick when the ball has wholly crossed the goal line without a goal having been scored and the goal has last been touched by a player of the defending team.

A penalty kick is awarded to the attacking team after a foul within the penalty area by a member of the defending team.

Only the goalkeeper is allowed to defend against it.

저는 축구하기를 좋아하므로 축구 룰에 대해 설명하겠습니다.

각 팀은 최대 11명의 선수로 구성됩니다.

다양한 포지션이 있습니다. 골키퍼는 공을 손과 팔로 다룰 수 있는 유일한 선수입니다.

선수 한 명은 상대 팀의 반칙으로 프리킥을 얻을 수 있습니다.

상대 팀이 골킥을 막기 위한 '벽'을 만들었을 때 선수 한 명이 프리킥을 넣을 수 있습니다.

골을 완전히 골라인 밖으로 차냈는데, 득점 없이 수비팀 선수가 마지막으로 공을 터치한 것일 때 공격측 선수에게 코너킥이 주어집니다.

패털티 킥은 패널티 구역 안에서 수비팀 선수의 반칙이 있은 후 공격팀에 주어집니다.

골키퍼만이 방어할 수 있습니다.

오늘의 생각거리: 자신의 신분증에 대해 말하기

I have a resident identity card and a driver's license.

Let me tell you about my driver's license.

I can drive a car with my driver's license and it can be used as an ID card.

My driver's license is a rectangle and it is made of hard plastic.

My picture is on the left hand side and next to the picture is my personal information.

At the top are the words "Driver's License" written in Korean.

Under the words "Driver's License" is my driver's license number.

주민등록증과 운전면허증을 가지고 있습니다.

신분증 중에서 운전면허증에 대해 말씀 드리겠습니다.

면허증이 있어야 차를 운전할 수 있고 이것은 신분증 대용으로도 사용할 수 있습니다.

제 운전면허증은 네모 모양이고 딱딱한 플라스틱으로 만들어져 있습니다.

사진은 왼편에 있고 사진 옆에는 저의 개인 정보가 있습니다.

위에는 '운전면허증'이라고 한글로 적혀 있습니다.

'운전 면허증'이라는 단어 아래에는 운전면허증 번호가 적혀 있습니다.

오늘의 생각거리: 신분증을 발급받은 절차에 대해 말하기

A You get your card made at the community center.

This is how it's done.

First, you need a picture and another piece of identification, like a birth certificate or passport.

So you go to the community center and go to the registration office.

You take a number and wait.

When it's your turn, you go to the clerk, and she takes your fingerprints, and collects your picture and forms.

An identification order is not processed immediately upon submission of application.

The office will send you a card within two weeks.

You can pick it up at the office or the office will mail it to your house.

신분증은 주민센터에서 발급 받습니다.

만드는 방법은 이렇습니다.

우선, 사진과 출생증명서나 여권과 같은 다른 신분증명서가 필요합니다.

그래서 주민센터로 가서 등록하는 사무실로 갑니다.

번호표를 받고 기다립니다.

차례가 와서 직원에게 가면 직원이 지문을 찍어가고 사진과 서류를 가지고 갑니다.

신분증 발급은 신청서를 제출하는 즉시 처리되지 않습니다.

2주 이내로 사무실에서 신분증을 발급해줍니다.

본인이 와서 가져가거나 자택으로 우편 송부하기도 합니다.

오늘의 생각거리: 나에 대해 말하기 4

First of all, I majored in international trade.

So above all, I have a great passion for the field of overseas marketing.

My true strength lies in my good personality.

I've been told that I'm a very optimistic and positive person. I always try to listen to others and respect their opinions.

My favorite hobby is mountain biking.

It's very helpful to remove stress.

It makes me sweat a lot and burns a lot of calories.

So it's good for health and staying in shape.

In addition, I like travelling.

Actually, I have a big plan which is, I will backpack in Europe by myself for my vacation.

Especially, I want to see many beautiful structures designed by Gaudi, a famous Spanish architect.

먼저, 저는 국제통상을 전공했고, 그래서 무엇보다도 저는 해외 마케팅 분야에 큰 열정이 있습니다.

저의 진정한 장점은 저의 좋은 성격에 있습니다.

예전부터, 매우 낙천적이고, 긍정적인 사람이라는 말을 많이 들었습니다.

저는 항상 남의 말에 귀를 기울이고 그 의견을 존중하려고 노력합니다.

제가 가장 좋아하는 취미는 산악자전거 타기입니다.

스트레스 해소에 매우 좋아요. 산

악자전거 타기를 하면 땀을 많이 흘리게 되고 칼로리 소모도 많습니다.

그래서 건강에도 좋고 몸매 관리에도 도움이 되죠.

또한 여행도 좋아합니다.

사실 큰 계획이 있는데, 휴가 동안 혼자서 유럽 배낭 여행을 할 계획입니다.

특히 스페인의 유명한 건축가인 가우디의 아름다운 건축물을 보고 싶습니다.

오늘의 생각거리: **해외여행지에 대해 말하기**

I went to Europe with a few friends of mine last summer.

There are four World Heritage Sites in London including the Tower of London and the historic settlement of Greenwich.

I absolutely loved visiting there.

A day trip to Oxford from London is easy for overseas visitors.

But there's so much to see and do in London that an overnight stay or a weekend break is even better.

No London walk would be complete without some historic London pubs.

We followed historic footsteps through the streets of London's East End.

I had fun with my friends there.

저는 작년 여름에 친구 몇 명과 유럽에 갔습니다.

런던에는 런던 타워, 그리니치 유적지를 포함해서, 네 곳의 세계 유산이 있습니다.

그곳을 방문해서 정말 좋았습니다.

런던에서 옥스포드로 하루 여행을 가는 것은 해외 관광객들에게 쉬운 일입니다.

하지만 밤을 보내거나 주말 휴식이 더 나은 런던에서는 보고 할 것이 아주 많이 있습니다.

역사적인 런던의 술집이 없으면 런던 여행은 완벽하다고 할 수 없습니다.

우리는 런던 동쪽 끝의 거리 도처에 역사적으로 유명한 발자취를 따라갔습니다.

그곳에서 친구들과 함께 즐거운 시간을 보냈습니다.

오늘의 생각거리: 해외여행 과정에 대해 말하기

I prefer preparing for my trip by myself if I'm free.

First, I plan my budget and make an itinerary.

I read some travel guidebooks to search for information about my destination.

After deciding where I will visit, I call the travel agent and ask what the cheapest way to travel there is.

And then, I make a list of things to pack and I pack all the things that I need.

Before I leave home, I also charge my cell phone and I double-check my luggage.

At the airport, I check in for the flight and get a boarding pass on the day I travel.

When I arrive at my destination, I take a taxi to the hotel and check in.

I put my luggage in my room, and then I go to the hotel information center to see if I can get a map showing tourist spots.

The main purpose of my trip is usually to visit the foremost tourist attractions and the famous restaurants there.

저는 바쁘지 않으면 제가 스스로 하는 것을 선호합니다.

먼저 예산을 계획하고 여행 일정표를 만듭니다.

여행지에 대한 정보를 찾기 위해 여행 안내책자를 읽어봅니다.

어디를 갈지 결정한 다음에는 여행사에 전화를 걸어 가장 싼 방법을 알아봅니다.

그리고 나서, 저는 싸야 할 것의 목록을 만들고, 필요한 모든 짐을 쌉니다.

집을 떠나기 전에 휴대전화도 충전하고, 짐을 다시 한 번 확인합니다.

출발하는 날 공항에서 체크인을 하고 탑승권을 받습니다.

목적지에 도착하면 택시를 타고 호텔에 가서 체크인을 합니다.

짐을 방에 놓고 관광지가 나와 있는 지도를 얻을 수 있는지 확인하러 호텔 안내 데스크에 갑니다.

여행의 주된 목적은 보통 그곳에 있는 주요 관광지와 맛집을 탐방하는 것입니다.

오늘의 생각거리: 좋아하는 요리에 대해 말하기

I often read many cookbooks and study the unique recipes.

But the best dish that I can make is bibimbab.

It is not only easy to make, but delicious.

Bibimbap is served as a bowl of warm white rice topped with seasoned vegetables and chili pepper paste.

A raw or fried egg and sliced beef are common additions.

The ingredients are stirred together thoroughly just before eating.

I really enjoy the food.

저는 자주 여러 가지 요리책을 찾아보고 독특한 요리법을 연구
해봅니다.
그렇지만 제가 가장 잘 만들 수 있는 음식은 비빔밥입니다.
그것은 만들기 쉬울 뿐만 아니라 맛도 있습니다.
비빔밥은 따뜻한 흰밥에 양념이 된 야채와 고추장을 얹어 제공
됩니다.
날계란이나 계란 프라이 그리고 저민 소고기가 보통 추가됩니다.
먹기 바로 전에 재료들을 섞습니다.
저는 그 음식을 정말 잘 먹습니다.

오늘의 생각거리: 요리하는 과정에 대해 말하기

My favorite food I really like to cook is kimchi fried rice.
I buy ingredients including onions, potatoes, eggs, and mushrooms at a supermarket.
Put kimchi in a frying pan with oil and saute for five minutes.
Next, put other ingredients in the pan, and stir well.
Then add steamed rice and continue to saute until the potatoes and kimchi are golden brown.
Finally, transfer it to a plate and enjoy.

제가 요리하기 가장 좋아하는 음식은 김치 볶음밥입니다.

저는 슈퍼마켓에서 양파, 감자, 계란, 버섯 등의 재료를 삽니다.

그 다음 기름을 두른 프라이팬에 김치를 넣고 5분간 볶으세요.

다음으로 다른 재료를 팬에 넣으세요. 그리고 잘 섞이게 저으세요.

그런 다음 밥을 넣고 감자와 김치가 갈색으로 변할 때까지 계속 볶아주세요.

마지막으로 그것을 접시에 담아서 먹으면 됩니다.

오늘의 생각거리: 요리 경험에 대해 말하기

I wanted to cook a foreign dish for my family, so I was making a steak.

I prepared all the ingredients and seasonings the day before.

All I had to do was to put it on the stove.

I put it on the gas stove. B

ut I failed to get it off the stove in time.

I overcooked the meat and it was dry.

My mother said, "The decoration of this dish is great but the only thing it lacks is taste."

저는 저희 가족을 위해 외국 음식을 만들고 싶어서 스테이크를
만들고 있었습니다.
하루 전에 모든 재료와 양념을 준비했습니다.
이제 가스레인지 위에 올리기만 하면 되었습니다.
저는 그것을 가스렌지에 올렸습니다.
그런데 저는 시간 맞춰 불고기를 스토브에서 꺼내지 못했습니다.
고기를 너무 오래 익혀서 말라버렸습니다.
어머니는 "이 음식의 장식은 훌륭해. 그런데 유일하게 부족한 것
은 맛이야."라고 말했습니다.

오늘의 생각거리: **음악 취향에 대해 말하기**

In the past, I used to love classical music and movie themes.

When I was younger, I listened to a lot of ballads because I grew up playing piano.

I practiced the piano all the time and naturally came to love classical music.

When I entered the university, I got interested in heavy metal because of my brother.

He used to listen to heavy metal CDs all the time in his room.

I listened to his CDs too, and I became a fan of heavy metal music.

전에는 클래식 음악과 영화 배경 음악을 좋아했습니다.

저는 어렸을 때 피아노를 연주했기 때문에 더 어렸을 때는 발라드를 많이 들었습니다.

항상 피아노 연습을 했고 자연스럽게 클래식 음악을 좋아하게 되었습니다.

대학에 입학하면서 저희 형 때문에 헤비메탈에 관심을 갖게 되었어요.

그의 방에서 항상 헤비메탈 CD를 듣곤 했었지요.

저 역시 그의 CD를 들었고, 헤비메탈 음악의 팬이 되었습니다.

오늘의 생각거리: 가장 좋아하는 가수에 대해 말하기

My favorite singer is Michael Jackson.

Michael Jackson was the most successful entertainer in the world.

He was one of the most famous American singer-songwriters.

His music, dance, and fashion style made him a global figure in popular culture.

I liked his music and performances, too.

These are why I like him.

He debuted on the professional music scene as a member of The Jackson 5 in 1964.

As you know, The Jackson 5 consisted of the Jackson brothers.

He began his solo career in 1971.

His music and dance, including those of Beat It, Billie Jean, and Thriller, became international hits and he became a legend.

I can't believe that I cannot see his great live performances any more.

제가 가장 좋아하는 가수는 마이클 잭슨입니다.

마이클 잭슨은 세계에서 가장 성공한 엔터테이너였습니다.

그는 가장 유명한 미국의 싱어송 라이터 중의 한 명입니다.

그의 음악, 댄스, 패션 스타일로 인해 그는 대중 문화계의 세계적인 인물이 되었습니다.

저도 그의 음악과 공연을 좋아했어요.

그것이 제가 그를 좋아하는 이유지요.

그는 1964년에 잭슨5의 멤버로 프로 음악계에 데뷔했습니다.

아시겠지만, 잭슨5는 잭슨가의 형제들로 구성되어 있었습니다.

그는 1971년에 솔로 활동을 시작했습니다.

<빗잇>, <빌리 진>, <스릴러>와 같은 그의 음악과 춤은 세계적으로 히트했고 전설이 되었습니다.

그의 라이브 무대를 더 이상 볼 수 없다는 것을 저는 믿을 수가 없습니다.

오늘의 생각거리: 자신의 음악 감상 과정에 대해 말하기

When I was 8 years old, I started listening to my parents' Scorpions CDs.

I loved the harmonies that they sang.

Some of the songs were funny and some were sad.

I got tickets for their concert when I was in high school.

Their concert was really amazing.

Their song gave me a sudden impulse to stand up and sing.

When I listened to their song, I was moved and almost cried.

My taste in music has changed many times, but I still love to listen to the Scorpions.

저는 8살 때 부모님이 듣던 스콜피언스 CD를 듣기 시작했습니다.

그들이 부르던 하모니를 정말 좋아했어요.

어떤 노래는 재미있고 또 어떤 노래는 애잔했습니다.

저는 고등학생일 때 그들의 콘서트 티켓을 얻게 되었습니다.

그들 콘서트는 정말 놀라웠어요. 그들의 노래는 갑자기 일어나 노래를 부르고 싶은 충동을 느끼게 했습니다.

저는 그들의 노래를 듣고, 감동을 받아 거의 울 뻔했습니다.

제 음악 취향은 시간이 가면서 바뀌었지만 여전히 스콜피언스의 음악을 정말 잘 듣습니다.

오늘의 생각거리: **헬스클럽에 가는 것에 대해 말하기**

The reason I go to the gym is to exercise regularly.

The first thing I do when I get to the gym is stretches.

And then I spend half an hour on the rowing machine to warm up.

I lift heavy weights in order to build muscle.

Sometimes I have to wait for equipment when the gym is busy.

Also I do exercise to strengthen the abdominal muscles.

I follow this with 100 sit-ups, and 20 chinups.

Finally, I get on the exercise bike and ride for twenty minutes.

제가 헬스클럽에 가는 이유는 규칙적으로 운동을 하기 위해서입니다.

헬스장에서 제일 먼저 하는 것은 스트레칭입니다.

준비 운동을 위해 로잉 머신에서 1시간을 보냅니다.

근육을 키우기 위해 무거운 웨이트를 들어 올립니다.

때로 체육관이 붐빌 때는 장비를 기다려야 합니다.

또한 복근을 강화하는 운동도 합니다.

그 다음에는 윗몸 일으키기 100회와 턱걸이 운동 20회를 합니다.

마지막에는 자전거에 올라 20분 정도 탑니다.

오늘의 생각거리: **헬스클럽에서의 경험에 대해 말하기**

I went to the gym about a week ago.

First, I started warming up with some stretches.

Then on the treadmill, I walked for 30 minutes at a fast speed and then ran for 20 minutes.

But, the floor at the gym was wet and very slippery.

The moment I came down from the machine, I fell, striking my head on the edge of the machine.

I was so embarrassed!

The next day, I was so sick that I had to take a rest all day.

저는 약 일주일 전에 체육관에 갔었습니다.

먼저, 스트레칭을 해서 몸을 풀어주었습니다.

그리고 나서 러닝머신에서 빠른 속도로 30분 정도 걷고 20분 동안 달리기를 했습니다.

그런데 체 육관 바닥이 젖어서 매우 미끄러웠습니다.

기계에서 내려오는 순간, 저는 넘어지면서 러닝머신 모서리에 머리를 부딪쳤습니다.

너무 창피했습니다!

다음 날 저는 너무 아파서 하루종일 쉬어야 했습니다.

오늘의 생각거리: **건강에 대해 말하기**

I know that excessive drinking is bad for my health.

But quitting drinking is not easy for me.

It seems that my dissipated lifestyle has destroyed my health.

Maybe it was not good for my health to drink a lot of alcohol at a time.

That's why my health grew worse.

My doctor said it may cause gastric bleeding and stomach ulcers and suggested quitting drinking alcohol.

So this year, I made a New Year's resolution. "I will not drink alcohol."

But my New Year's resolution didn't last three days and it weakened.

I changed it; "I will not drink alcohol to excess."

But, anyway I drink less than before.

I was able to overcome my health problem this way.

지나친 음주는 건강에 나쁘다는 것을 알고 있습니다.

그렇지만 술을 끊는 것은 어렵습니다.

방탕한 생활 습관으로 건강을 해친 것 같습니다.

술을 한 번에 많이 마셨던 것이 건강에 좋지 않았겠지요.

그래서 제 건강이 나빠졌습니다.

의사 선생님께서 과음으로 인해 위출혈과 위궤양이 생길 수도 있다고 말씀하시며 술을 끊으라고 권하셨습니다.

그래서 올해 저는 새해 결심을 했습니다. "술을 마시지 않는다." 였습니다.

그렇지만 새해 결심이 사흘도 못 갔습니다.

제 결심이 흔들렸습니다. "지나치게 술을 마시지 않는다."로 바꿨습니다.

그렇지만 어쨌든 저는 전보다 술을 덜 마십니다.

이런 방식으로 저는 건강 문제를 극복할 수 있었습니다.

오늘의 생각거리: 건강을 위한 활동에 대해 말하기

I was worried about my health quite a bit.

I hoped to lose some weight and also become healthier.

My doctor suggested exercise at the gym at least once a week.

So there are several activities I do for keeping my health.

First, I walk on the treadmill every day so that I can stay healthy.

Walking and jogging are healthy activities.

I spend a lot of money each year on health spas and fitness clubs to stay fit.

Second, when I stopped smoking, it had a beneficial effect on my health.

In addition, good sleep and good food are essential to health.

Proper nutrition is also essential to maintain my health.

저는 건강에 대해 꽤 염려가 됐습니다.

살도 **빼고** 더 건강해지기를 바랐습니다.

의사 선생님께서 적어도 일주일에 하루는 체육관에서 운동을 하라고 권하셨습니다.

그래서 제가 건강을 유지하기 위해 하는 활동이 몇 가지 있습니다.

먼저 저는 건강을 유지하기 위해 매일 런닝머신에서 걷기를 합니다.

걷기와 조깅은 건강에 좋은 활동입니다.

저는 체격을 유지하기 위해 건강 사우나, 헬스 클럽에 매년 많은 돈을 지출합니다.

둘째로, 금연이 건강에 도움이 됐습니다.

또한 숙면과 좋은 음식은 건강에 필수입니다.

적당한 영양 섭취도 건강 유지에 필수입니다.

오늘의 생각거리: 나에 대해 말하기 5

My name is Kim Suhyun.

I'm thirty-two and I'm still single.

I was born in Busan and grew up there.

Busan is a port city which is famous for beaches like Heawoondea and local markets like Jagalchi.

If you visit Busan, you will fall in love with this city.

When I entered university, I moved to Seoul.

And I have lived in Seoul for six years.

Seoul seems like my hometown now and life is so comfortable that I am very satisfied.

I work for ABC Co. My official job title is Manager of Accounting.

Keeping the accounts is part and parcel of my job.

On the weekends, I go to see a movie or go to a club with my friends or girlfriend to release stress.

Then, I can start a brand new week.

제 이름은 김수현입니다.

저는 서른 두 살인데 아직 미혼입니다.

저는 부산에서 나고 자랐습니다.

부산은 항구 도시인데 해운대와 같은 해변과 자갈치 시장 같은 지역 시장으로 유명합니다.

부산에 한번 와보시면 반하실 거예요.

저는 그곳에서 자랐는데 6년 전에 대학에 입학하면서 서울로 이사 왔습니다.

6년 동안 서울에서 살고 있어요.

이제 서울은 제 고향 같고 생활하기 편해서 저는 만족합니다.

저는 ABC 사에서 근무하고 있습니다.

제 공식 직책은 회계팀 과장이며 회계 업무가 제 일의 핵심적인 부분입니다.

주말에는 친구들이나 여자 친구와 함께 스트레스를 풀기 위해 영화를 보러 가거나 클럽에 갑니다.

그러면 새로운 한 주를 시작할 수 있습니다.

오늘의 생각거리: 걷기에 대해 말하기

I take exercise every morning to build up my body.

I don't really care for organized sports or games of any kind.

So I walk every morning in the park near my house.

I really enjoy walking because it's a peaceful time to enjoy the fresh air.

I wear running shorts when I walk.

Usually I walk about 1 kilometer or so.

Walking is more effective for relieving stress from work than drinking alcohol.

It seems that walking is a really healthy activity.

저는 몸을 만들기 위해 매일 아침 운동합니다.

저는 어떤 종류든 조직화된 운동이나 경기는 별로 좋아하지 않습니다.

그래서 저는 매일 아침 집 근처 공원에서 걷기를 합니다.

맑은 공기를 즐기는 평화로운 시간이기 때문에 저는 걷기를 아주 즐깁니다.

저는 걷기를 할 때 육상 반바지를 입습니다.

보통 약 1킬러미터 정도 걷기를 합니다.

걷기는 일로부터 받은 스트레스를 푸는 데 술을 마시는 것보다 더 효과적입니다.

걷기는 정말 건강에 좋은 활동인 것 같습니다.

오늘의 생각거리: 걷기를 한 경험에 대해 말하기

One time I was walking at the park near my house.

I was wearing shoes that were totally unsuitable for walking.

While I was constantly wearing about my shoes, I lost my wallet.

Moreover, I didn't see a bike when I was walking on the road. I stumbled and ended up falling down on the road.

I got up and tried to continue, but it hurt.

I could barely walk.

That's because I fell on my knee and scraped it really badly.

It never rains but it pours; I think that day was the day.

한 번은 집 근처 공원에서 걷기를 하고 있었습니다.

저는 걷기에 전혀 적합하지 않은 신발을 신고 있었습니다.

신발에 계속 신경을 쓰다가, 지갑을 잃어버렸습니다.

게다가 길에서 걸으면서 자전거를 보지 못했습니다.

비틀거려 길에 넘어지고 말았죠.

저는 일어나 계속 하려 했지만 아팠습니다. 걸을 수가 없었습니다.

제가 무릎으로 넘어져서 심하게 긁혔기 때문입니다.

안 좋은 일은 한꺼번에 온다더니, 그날이 그런 날이었나 봅니다.

오늘의 생각거리: 걷기를 시작한 이유와 경험에 대해 말하기

I started walking two years ago when I heard about the beneficial effects of it.

I decided to start walking every day.

Walking does not require great displays of gymnastic strength.

While walking, I think about a plan for my day.

What I do while walking depends on who I'm with.

Sometimes we just walk around the park and chat.

I love exercising and do long distance walking.

Walking is more effective for relieving stress from work than drinking alcohol.

저는 걷기의 긍정적인 효과에 대해 듣고 2년 전에 그것을 시작했습니다.

저는 매일 걷기로 마음먹었습니다.

걷기는 엄청난 신체적인 힘을 필요로 하지는 않습니다.

걸으면서 하루의 계획에 대해 생각합니다.

걸을 때 무엇을 하는지는 제가 누구와 함께 가는지에 달렸습니다.

가끔은 그냥 공원 주변을 걷고 이야기를 합니다.

저는 운동하기를 좋아해서 먼 곳까지 (운동 삼아) 걸으러 다닙니다.

걷기는 일로부터 받은 스트레스를 푸는 데 술을 마시는 것보다 더 효과적입니다.

오늘의 생각거리: 다니는 회사에 대해 말하기

I work for the ABC Co., a food company, in Seoul.

We sell many different kinds of instant food.

We sell over 1 billion dollars worth of cereal every year.

The company has developed a new line of merchandise this year, so the company moved ahead of its rivals in the first quarter earnings.

Our company's branches are located all over the country and there are 100 people working on production lines.

This year, we are increasing our workforce to 100 employees to increase productivity.

The analysts made a positive valuation for the company's outlook.

I am proud to be a staff member of this company.

저는 서울에 있는 ABC 식품 회사에서 근무합니다.

저희는 다양한 인스턴트 식품을 판매합니다.

저희는 매년 10억 달러 이상의 시리얼을 팝니다.

저희 회사는 올해 새 상품을 개발해서 1사분기 수익에서 경쟁사들을 앞섰습니다.

저희 회사 지점들은 전국에 걸쳐 위치해 있고 100명의 사람들이 생산 라인에서 일합니다.

올해 우리는 생산성을 높이기 위해 100명의 직원을 더 고용할 것입니다.

분석가들은 저희 회사의 전망에 대해 긍정적인 가치평가를 했습니다.

저는 이 회사의 직원으로서 자부심을 느낍니다.

오늘의 생각거리: 회사에서의 하루 일과에 대해 말하기

I am in the Accounting Department.

As soon as I arrive at the office, all the employees first have a meeting.

There's a lot that has to be taken care of in my office. I handle the company's billing and accounting.

During business hours, we give materials that show current numbers to the sales people.

It is too much paperwork for me.

We are tied up at work, doing the budget report at the end of the month.

Furthermore, I have to finish the company payroll by the close of business at the end of the month.

After work, to release stress, I usually have a pleasant drink in the company of my co-workers.

저는 회계부서에서 근무합니다.

사무실에 도착하자마자 모든 직원들은 먼저 회의를 합니다.

사무실에서는 처리해야 할 일이 많습니다.

저는 회사에서 청구서 작성과 회계 업무를 담당합니다.

업무를 보는 동안 우리는 판매량을 보여주는 자료를 영업사원들에게 전달합니다.

그것은 너무나 손이 많이 가는 문서 업무입니다.

월말이 되면 우리는 결산 보고서 때문에 회사에서 바쁩니다.

더욱이 월말이 되면 업무시간 끝날 때까지 회사 급료 지불 명부를 작성해야 합니다.

퇴근 후에 저는 스트레스를 풀기 위해 자주 직장동료들과 함께 즐거운 술자리를 갖습니다.

오늘의 생각거리: TV로 즐겨보는 스포츠에 대해 말하기

I'm crazy about soccer; I never miss a game.

After I watched the Korean team playing in the World Cup, I came to love watching soccer on TV.

Watching a soccer game on TV is not the same as seeing it live.

But I don't like going to a stadium to see a soccer game; it's too crowded.

I like to buy some snacks and drinks and watch it at home.

I'm a big fan of European soccer because many young Korean players are now in the world of big-time soccer.

They are highly active on the world stage these days.

It is so exciting to watch these Korean players.

저는 축구에 미쳐서 경기를 빼놓지 않고 봅니다.

저는 한국 팀이 월드컵에서 뛰는 것을 본 후로 축구를 TV로 즐겨 봅니다.

텔레비전으로 축구를 보는 것은 실제로 보는 것하고는 다릅니다.

하지만 저는 축구 경기를 보러 경기장에 가는 것을 좋아하지 않습니다.

너무 붐비거든요. 저는 간식과 음료를 사서 집에서 축구 경기를 보는 것을 좋아합니다.

저는 유럽 축구의 열혈 팬인데, 젊은 한국 축구 선수들이 세계 최고의 축구 무대에서 활약하고 있기 때문이죠.

그들은 오늘날 세계무대에서 맹활약하고 있습니다.

이들 한국 선수들을 지켜 보는 것은 정말 흥분됩니다.

오늘의 생각거리: **좋아하는 스포츠 선수에 대해 말하기**

I'm a big fan of figure skating queen
Yuna Kim because she rewrote the world's skating history.
She is the 2010 Olympic champion and 2014 silver medalist in ladies' singles.
She is the current record holder for ladies in the short program, the free skating, and the combined total under the ISU Judging System.
She broke the world record scores many times.
After I watched Yuna Kim win the gold medal in the Olympics, I came to love watching figure skating on TV.
Watching all of the athletes' diverse performances is really exciting.
Especially, with Yuna Kim, the harmony of her performance, costumes, and music is incredibly beautiful.
I am really proud of her.

저는 피겨의 여왕 김연아의 팬인데, 그녀는 세계의 스케이팅 역사를 새로 썼기 때문입니다.

김연아는 2010 올림픽 챔피언이며 2014 올림픽 여자 부문 싱글 은메달리스트입니다.

김연아는 ISU 평가 체계에서 쇼트 프로그램, 프리 스케이팅, 합산 점수 여자 부문 신기록 보유자입니다.

김연아는 수차례 세계 신기록을 경신했습니다.

김연아가 올림픽에서 금메달을 따는 것을 본 후로는 피겨 스케이팅을 TV로 시청하는 것을 좋아하게 되었습니다.

선수들이 펼치는 모든 다채로운 연기를 보는 것은 정말 재미있습니다.

특히, 김연아를 보면, 그녀의 연기와 의상, 음악이 만들어내는 조화는 매우 아름답습니다.

저는 김연아가 정말 자랑스럽습니다.

오늘의 생각거리: 스포츠 경기 경험에 대해 말하기

My friends and I watched a baseball game in a stadium last Saturday.

The Samsung Lions played against the LG Twins and I rooted for the LG Twins.

The atmosphere at the sports stadium was electric with excitement.

The people cheered the players with drums beating and colors flying.

The two teams were neck and neck and no one could predict the result of the game.

The game was a slugfest with numerous hits and homeruns.

The Samsung team only focused on defense throughout the entire game.

The LG Twins failed to pierce Samsung's defense.

A player hit a walk-off home run in the bottom of the 9th inning and Samsung team won the tournament in the end.

We were bitterly disappointed at the result of the game.

제 친구들과 저는 지난 토요일에 경기장에서 야구 경기를 보았습니다.

삼성 라이언스와 LG가 경기를 했는데, 저는 LG를 응원했습니다.

경기장 분위기는 아주 흥분되어 있었습니다.

사람들은 북 치고 깃발을 휘날리며 선수들을 응원했습니다.

두 팀 모두 백중지세라 이 경기의 결과를 아무도 예측할 수 없었습니다.

경기는 많은 홈런과 안타를 주고받는 난타전이었습니다.

삼성 팀은 경기 내내 수비에만 치중했습니다.

LG는 삼성의 수비를 뚫는 데 실패했습니다.

한 선수가 9회 말에 끝내기 홈런을 쳤고, 결국 삼성이 시합에서 우승했습니다.

우리는 그 경기 결과에 몹시 낙담했습니다.

오늘의 생각거리: 친구에 대해 말하기

I'll tell you about one of my best friends,
Kim Jin. He was in my club last year.
He is my once-ina-lifetime friend now.
He is very big, 185 cm tall, weighs about 90 kilos and he
is muscular.
But he has curly hair. A big guy with a cute hair style.
Because of his physical appearance, he is always an easy
target for jokes among people.
He is so energetic and sociable that everyone loves him
and wants to talk to him.
He really cares about other people and he is a talented
listener.
Needless to say, he is every girl's dream.

제 가장 친한 친구 김진에 대해서 말씀 드리겠습니다.

그는 작년에 저와 같은 동아리에 있었습니다.

이제 그는 저의 둘도 없는 친구입니다.

그는 키가 185cm로 큰 편이고 몸무게는 90kg 정도 나가며 근육질입니다.

그런데 그는 곱슬머리입니다. 귀여운 헤어스타일을 한 덩치 큰 그의 신체적인 외모 때문에 그는 항상 사람들 사이에서 농담거리가 되곤 합니다.

그는 매우 활동적이고 사교적이라 모두가 그를 좋아하고 말을 걸고 싶어 하죠.

그는 정말 다른 사람들을 배려하며 남의 말을 매우 잘 들어줍니다.

말할 필요도 없이 그는 모든 여자들의 이상형입니다.

오늘의 생각거리: 친구와 기억에 남는 경험에 대해 말하기

In my freshman year of university, I didn't have many friends.

One day in March, a welcome party was held for freshmen at the student hall.

We began drinking in the evening and did not stop until early next morning.

Everyone was under the table by midnight.

One of my friends, Youngsik, kept on saying the same thing ass-backwards and that made me crazy.

I was intoxicated and acted very aggressive, so I had an argument with him.

But I made up with him and I became better friends with him ever since.

제가 대학교 신입생이었던 해에, 저는 친구가 많지 않았습니다.
3월의 어느 날, 신입생 환영 파티가 학생회관에서 열렸습니다.
우리는 저녁에 술을 마시기 시작했고, 다음 날 이른 아침까지도
술자리를 끝내지 않았습니다.
자정 무렵이 되자 다들 술에 취해 뻗어버렸습니다.
제 친구 중 한 명인 영식은 술에 취하여 계속해서 같은 말을 했
기 때문에 저는 짜증이 났습니다.
저는 술에 취해 매우 공격적으로 행동했고 그와 말다툼을 했습
니다.
하지만 저는 그와 화해했고 그때 이후로 그와 더 친해졌습니다.

오늘의 생각거리: 자주 이용하는 SNS에 대해 말하기

I use social networking sites for meeting new friends and finding old friends.

I usually use several social networking services such as Facebook, Twitter, and Cacao Talk.

I can use the service with a smartphone anywhere and anytime.

With a touch of the screen, I can find myself connected to the latest news, social networks, online games, and entertainment.

I especially use social networking sites for locating people who have the same problems or interests as me.

Put simply, for me social networking is a way to meet up with other people on the Internet.

저는 소셜 네트워킹 사이트를 이용해서 새로운 친구들을 만나고 옛날 친구들을 찾습니다.

저는 보통 페이스북, 트위터, 카카오톡 같은 여러 종류의 SNS를 이용합니다.

스마트폰이 있으면 어느 곳, 어느 때라도 SNS 서비스를 이용할 수 있습니다.

화면 터치만으로 최신 뉴스, SNS, 온라인 게임, 엔터 테인먼트 등을 접할 수 있습니다.

특히 소셜 네트워킹 사이트를 이용해서 저와 같은 문제와 흥미를 가진 사람들을 찾습니다.

간단히 말해서, 저에게 있어서 소셜 네트워킹은 인터넷을 통해서 다른 사람을 만나는 방법입니다.

오늘의 생각거리: SNS를 이용해 하는 일에 대해 말하기

Social networking sites play a vital role in my life as well.
There are many social networking services, but especially I often use the Facebook service.
I can publish content myself and connect with others to share our interests on my Facebook page.
I can share interests and activities with my friends.
These days, I never miss the opportunity to photograph or video something as soon as it happens and then post it online.
Friends have left messages on my Facebook page.
Those are the reasons I log on to Facebook.
These days, I log on to Facebook more and more often.

소셜 네트워킹 사이트는 제 삶에 있어서도 중요한 역할을 합니
다.
많은 SNS 서비스가 있지만, 저는 특히 페이스북을 자주 사용합
니다.
저는 페이스북에 콘텐츠를 공개할 수 있고 다른 사람들과 연결
해 관심사를 나눌 수 있습니다.
제 친구들과 흥미와 활동을 공유합니다.
요즘 저는 어떤 일이 일어나면 놓치지 않고 바로 사진을 찍거나
영상으로 담아 인터넷 상에 올립니다.
친구들은 제 페이스북 페이지에 메지시를 남깁니다.
이것이 단지 제가 페이스북에 로그인하는 이유입니다.
요즘은 더 욱 자주 페이스북에 로그인합니다.

오늘의 생각거리: SNS를 하면서 일어난 일에 대해 말하기

I posted a video on my Facebook page last week.

The video file has stirred controversy since then.

Within hours of putting up the webpage, I received hundreds of email messages from people.

Many Internet users believed the event was real and posted encouraging messages online.

I was shocked and right away I told them it was not a fact and sincerely apologized to them.

I think a more mature attitude is required before Internet users are allowed to post whatever they want.

If not, people will post bad comments about them on the social network sites.

저는 지난주에 페이스북에 동영상을 하나 게시했습니다.

그 후 그 동영상은 논란을 불러일으켰습니다.

웹페이지를 게시한 지 몇 시간 안에, 저는 사람들로부터 수백 통의 이메일을 받았습니다.

많은 인터넷 이용자들은 그 사건이 진짜였다고 믿고 온라인상으로 격려의 메시지를 게시했습니다.

저는 깜짝 놀라 바로 그것이 사실이 아님을 밝히고, 많은 인터넷 이용자들에게도 진심으로 사과했습니다.

인터넷 이용자들은 원하는 것을 무엇이든 게시하려 하기 전에 좀 더 성숙한 태도가 요구된다고 생각합니다.

만일 그렇지 않다면, 사람들은 SNS에 그 사람에 대한 나쁜 평을 게시할 겁니다.

출간 도서 리스트
및 소개

'가슴에 새긴 진짜일까, 팔일 지까말 《대전자》'

영어책 한권 베껴쓰기

김지환 엮음

1편
예알자

BOOKK✎

영어책 한권 베껴쓰기

좋은 글을 필사하는 즐거움

인생에서 한번은 꼭 봐야 하는 책들이 있습니다. 소위 세계명작들이라는 책 목록이 존재하죠. 그렇지만 독서를 강요받는 느낌에 책이 다루는 주제의 무거움으로 쉽게 손에 닿지 않습니다. 필사라는 행위는 그런 부담을 덜어주는 하나의 방법입니다. 아무 생각 없이 부담 없이 소일거리로 시작할 수 있는데 쓰면서 저절로 마음이 정리되는 가운데 어느 순간 써내려 가는 글자 한자한자, 텍스트의 의미에 집중하게 됩니다. 그런 것이 바로 필사의 매력이 아닐까 합니다.

이런 필사의 맛을 인생에서 꼭 한번은 봐야 한다는 영미소설을 영문과 한글을 필사하면서 느껴보세요.

영어연설 한권 베껴쓰기

리더의 연설은 단순한 언어가 아니다.

때로는 대중을 향한 위로이고
위기를 돌파하는 전략이고
아픔을 달래는 위로이다.

수사나 유머에도
뼈가 있고 의도가 있다.

고도로 다듬어진
세기의 리더들의 레전드 메시지를
한문장 한문장 적어보면서
음미해 본다.

빡센 토익 팟3

LC를 듣지 말고 읽고 이해하라고 하는 발칙한 이유

청취 파트인 파트3은 대화로 이루어져 있고 문제 유형이 정해져 있기 때문에 대략 되풀이되는 흐름이 있다. 예를 들어 대화에서 두 화자가 얘기를 나누는 문제점을 묻는 문제가 출제된다면 대화 중에 문제가 되는 어떤 이슈가 등장한다.

그런데 비즈니스 대화이다. 사무실에서 생기는 문제, 그것도 토익에서 항상 나오는 문제점은 복사기 등 사무기기가 고장났거나 온라인 접속이 안 되거나 서류 등을 찾는 정도이다. 내용? 뻔하다고나 할까.

그런데 듣기가 왜 안 될까? 내용을 제대로 읽고 이해하려고 노력해본 적이 없기 때문이다. **무작정 듣기가 안 된다고 듣기에 집중하면 더 안 되는 것이다.**

빡센 토익 보카

토익 단어의 학습

단순히 단어만 외우면 안 되는 이유가 있다.

REACH라는 동사는 아주 쉽다. 잘 아는 단어일 것이다. '어디에 닿다' 라는 뜻이다. 그런데 아래 예문을 보자.

reach the airport   공항에 도착하다

reach a goal   목표에 도달하다

reach the manager   부장에게 연락하다

REACH 뒤에 붙는 명사에 따라 의미가 달라진다. 같은 '도달하다'라는 의미라도 첫 번째 쓰임과 두 번째 쓰임이 다르다는 것을 알 수 있다. 이런 의미 차이는 문맥을 통해, 앞뒤 단어의 관계를 반드시 파악해야 정확하게 알 수 있다. 따라서 토익 단어는 특히 덩어리 표현으로 알아 두는 것이 중요하다.

빡센 토익 팟5

Part 5 30문제에 배정 시간은 단 10분
1문제당 20초 내에 풀어야 한다.
요령이 아닌 전략과 탄탄한 지식이 필요하다
파트5는 4유형으로 압축해서
파악해야 빠르다

1 기본기에 요령을 얻었다.
2 암기가 필요한 유형을 철저히 실었다.
3 고득점 유형까지 거의 모든 유형을 다룬다.

스피킹&리스닝 잡기
영어회화 패턴

영어 스피킹과 리스닝
문장 표현으로 한방에 잡기

스피킹과 리스닝을 따로 공부하는 경우가 많습니다. 교재도 따로 나오고 있고요. 그런데 언어는 그렇게 분리되어 익힐 수 있는 것이 아닙니다.

그러면 어떻게 한 번에 같이 해결할 수 있을까요? 사실은 매우 힘든 것이 사실입니다. 그러니 그렇게 따로 공부하는 책들이 많은 것이죠. 하나만 하기에도 벅차기 때문입니다. 그것을 인정합시다. 그렇더라도 귀로 듣고 입으로 내뱉는 말이 다르지 않기 때문에 좋은 표현을 골라 열심히 말해보고 말해본 만큼 들린다는 것은 진리입니다.

누적보카

영어 단어 공부에 왕도는 없다

복습과 반복의 힘

고등학생 시절에 우리반에 영어단어왕이 있었습니다. 그 아이의 영어사전은 까맣게 손때가 묻어 있었습니다. 단어왕은 복습과 반복의 결과물이었던 것입니다. 지금은 아무도 영어사전을 찾아보지 않지만 영어 단어를 암기해 내것으로 만드는 방법에는 변함이 없습니다. 복습 그리고 반복입니다.

외워도 외워도 잊어버린다고요? 맞습니다. 그게 망각의 원리입니다. 잊어버리면 완전히 기억의 저편으로 사라지기 전에 다시 외워두면 됩니다. 그런 반복의 과정을 여러 번(개인차가 있습니다.) 거쳐야 비로소 영어단어가 내것이 됩니다. 이제는 까맣게 손때 묻힐 영어사전을 구입할 필요는 없지만 꼭 필요한 영어 단어를 정리해둔 단어장을 대신 마련해 영어단어왕이 되어 보십시오.